MÉMOIRE

SUR

LES ARCHIVES

DE

L'ABBAYE DE BEAUPRÉ

PAR LE D[r] LE GLAY.

DUNKERQUE
Typographie Benjamin Kien, rue Nationale, 22.

1857

MÉMOIRE
SUR LES ARCHIVES DE L'ABBAYE DE BEAUPRÉ,

PAR LE Dr LE GLAY.

Puisque nous allons parler ici d'un couvent de l'ordre de Citeaux, et que peut-être, après cette notice, nous aurons à en écrire d'autres touchant les archives de maisons de la même observance, disons d'abord, et une fois pour toutes, ce que c'est que cet ordre monastique.

Quelques moines, désireux de suivre plus religieusement la règle bénédictine qu'on ne le faisait en leur abbaye de Molesme, s'en allèrent, du gré de leurs supérieurs, chercher une solitude plus sévère, plus assortie à l'esprit de pénitence. Ils la trouvèrent dans une plaine aride et sauvage nommée *Citeaux, Cistercium*, à cinq lieues de Dijon. Il y avait là de quoi exercer tout à la fois leur amour des privations et leur goût pour les travaux agricoles. Nos vingt moines, régis par Robert, obtinrent sans peine la concession de ce désert où ils se firent des cellules de bois et se mirent à défricher le sol ingrat livré à leur patiente industrie. Ainsi, là encore, ce fut une association monastique qui donna l'exemple du labourage et de la bonne culture des terres, tout en restant soumis aux rudes austérités prescrites par saint Benoît.

Ceci se passait durant les dernières années du XIe siècle. Les nouveaux cénobites ajoutèrent à l'observance primitive des rigueurs nouvelles : désormais point de fourrures, point de chaperons, point de linge, plus d'or ni d'argent même pour le culte divin. Ainsi naquit cet ordre de Citeaux qui bientôt s'épanouit au loin, en Bourgogne, en France, aux Pays-Bas.

Les femmes, qui ne sont jamais les dernières en matière de ferveur religieuse, s'empressèrent d'adopter la réforme cistercienne ; elles s'y attachèrent surtout lorsque saint Bernard fut venu la sanctionner de son glorieux nom au monastère de Clairvaux.

Nos religieuses de Beaupré étaient donc de l'ordre de Citeaux et se qualifiaient volontiers *bernardines*.

Aux confins de l'Artois et de la Flandre maritime, sur le territoire de La Gorgue, (1) à l'endroit même où la petite rivière de Lawe se perd dans la Lys, s'élevait jadis cette abbaye. La maison avait nom *Beaupré, Bellum Pratum,* sans doute à cause de sa situation dans une plaine fertile et riante.

L'abbaye de Beaupré n'a qu'un article fort bref et fort maigre dans le *Gallia Christiana*, III, 538. Elle n'en a point dans le *Cameracum Christianum*.

La revue que nous allons faire des documents diplomatiques recueillis par nous, comme provenant de ce monastère, nous mettra à même de remplir quelques lacunes laissées jusqu'à présent dans son histoire.

Lorsqu'on aborde la description des titres d'un établissement monastique de cette contrée, il faut tout premièrement constater ce qui en est dit dans les *Opera diplomatica* de Miræus. Or, ce recueil présente : — III, 379, l'acte par lequel Guillaume de Béthune, avoué d'Arras, dote le couvent de Beaupré, récemment érigé près du moulin de La Gorgue, à la place de la vieille abbaye de *La Fosse*. En regard de ce diplôme latin, daté de 1212, on lit un acte en français, de janvier 1232, où Eustasse, sœur du comte de St-Pol, accorde aux *nonnaines de Beaupré* le droit de

---

(1) La Gorgue, terre du pays de Lallœu, appartient aujourd'hui à l'arrondissement d'Hazebrouck et au canton de Merville. C'est un bourg dont la population s'élève à 3,300 habitants. La Gorgue a fourni le sujet d'une bonne notice dans l'*Annuaire du Nord*, 1834, 65.

moudre sans redevance leurs grains au moulin dudit La Gorgue ; — IV, 538, déclaration de Marie, prieure de La Fosse, portant que, si le monastère projeté ne s'élève point, les terres qu'elle destine à cette maison feront retour à l'avoué de Béthune, 1220, janvier; — autre par laquelle Marc, sire de Béthonsart (1), assigne aux religieuses de Beaupré deux parts de la dîme qu'elle perçoit à St-Martin-de-Tilloy, 1227, juin.

Voyons, maintenant quels sont les titres de Beaupré conservés dans notre dépôt de la Chambre des comptes de Lille. L'acte de la prieure de La Fosse, janvier 1820, mentionné ci-dessus, se trouve là en original. Puis nous y remarquons celui dans lequel Robert de Béthune, avoué d'Arras, octroie le personat de l'église de La Gorgue à celle de Beaupré, 1239, août.

La Chambre des comptes recélait aussi l'autorisation donnée, vers 1248, deux jours après l'Epiphanie, par la comtesse de Flandre, Marguerite, au couvent de Beaupré, pour faire paître vingt vaches à toujours, sans redevance (cet acte a disparu). — On lit dans le testament de Mahaut de Béthune, comtesse de Flandre, une clause qui alloue à Beaupré une rente annuelle de 15 livres. En juin 1268, Bauduin, sire de Givenchy (2), accorde à notre abbaye tous les droits qui lui appartiennent dans la dîme de Neuve-Chapelle.

Le testament de Robert de Béthune, daté du 27 août 1298, assigne à Beaupré 40 livres parisis. Enfin, pour clore ce qui, dans le XIIIe siècle, concerne Beaupré parmi les titres de la Chambre des comptes, citons encore une lettre par laquelle les religieuses, ayant à leur tête, sœur

(1) Béthonsart, Artois, aujourd'hui arrondissement de St-Pol, canton et à sept kilomètres d'Aubigny.

(2) Il s'agit sans doute de Givenchy-le-Noble, terre d'Artois, aujourd'hui arrondissement, et à douze kilomètres de Béthune. L'autre Givenchy était en Gohelle, canton et à trois kilomètres de Vimy.

Isabeau, abbesse sans doute, prient le prévôt de Béthune de leur procurer, pour l'abbaye, des lettres de sauvegarde du comte de Flandre; sans date, mais de 1300 ou environ.

Le fonds spécial de Beaupré, fonds que nous avons composé de toutes pièces, n'est pas encore bien riche. Toutefois, il présente déjà, pour le XIII⁰ siècle, un ensemble de vingt-cinq titres dont nous offrons l'inventaire succinct :

1° *Hoc actum fuit publice primo die quo moniales religionis susceperunt habitum, anno Incarnati Verbi M⁰ CC⁰ quarto, die dominica instanti ante natale Domini.* Mathilde de La Fosse déclare donner à la nouvelle abbaye de ce nom la terre de Hinges (1), qu'elle a achetée de Robert de l'Attre. Original dont le scel est perdu.

2° *Actum apud Thun, anno dominice incarnationis M⁰ CC⁰ XI, mense januario.* Jean Vieillars, (2) sire de Marcoing (3), certifie que Mathilde, jadis femme de Gauthier, sire du Flos (4), a fait don en sa présence aux religieuses de La Fosse, pour l'entretien d'un chapelain, de trois muids de froment et de trois muids d'avoine de rente perpétuelle. Copie sous le vidimus de Jean, évêque de Cambrai, à la date de 1212, avril; lequel vidimus se trouve dans un cahier de trois feuillets avec d'autres chartes qui seront analysées ci-après.

(1) Hinges, qui avait titre de baronnie, est situé à cinq kilomètres de Béthune.

(2) Cette maison, dite *Vieillars*, n'est pas mentionnée par Carpentier. *Estat de la noblesse du Cambrésis*, où tant d'autres sont nommées sans qu'on sache pourquoi. Notre Jean Vieillars reparaît, comme sire de Marcoing, dans deux actes du chapitre de St-Amé de Douai, novembre 1221.

(3) Marcoing, sur l'Escaut, était une des douze pairies du Cambrésis. C'est aujourd'hui un chef-lieu de canton de l'arrondissement de Cambrai.

(4) Le Flos, seigneurie sise à Marcoing, a donné son nom à une famille d'où est sorti Jean du Flos de Hertaing, fondateur des cordeliers de Cambrai en 1262.

3° *Actum anno Domini M° CC° XIX.* La prieure et tout le couvent de La Fosse reconnaissent avoir cédé et vendu à l'église ou abbaye de Prémy le revenu mentionné en la charte précédente.

4° *Actum anno Domini M° CC° XV, mense julii.* Robert de l'Abbaye (1), chevalier, accorde en aumône aux religieuses de La Fosse sa dîme sur Hekes (2), qu'il tient d'Eustache d'Eccout (3). Original où le sceau manque.

5° *Actum anno Domini M° CC° XIX.* R., évêque d'Arras, approuve la vente mentionnée en l'acte qui précède.

6° *Actum anno Domini M° CC° XIX.* Jean Vieillars, sire de Marcoing, ratifie, en ce qui le concerne, la vente effectuée comme il vient d'être dit.

7° *Actum anno gracie M° CC° XIX.* Godefroi, évêque de Cambrai, ratifie la vente dont il s'agit, faite à l'abbaye de Prémy par Beatrix, prieure, et tout le couvent de La Fosse.

8° *Actum anno Verbi Incarnati M° CC° XX, mense maio.* Nouvelle approbation de ladite vente par C., évêque d'Arras.

Ces cinq derniers actes se trouvent, comme le précédent, dans le cahier indiqué, qui contient en outre la description des terres situées à Ribécourt (4).

9 *Actum anno gracie M° CC° XXI°, mense maio.*

---

(1) Cette seigneurie de l'Abbaye dépendait de la terre de Choques, aujourd'hui canton et à six kilomètres de Béthune.

(2) Ou plutôt *Ecques,* à la source de Lamelde, arrondissement de St-Omer, canton et à neuf kilomètres d'Aire.

(3) Eccout ou Escout St-Mein. Jakèmes, sire d'Escout, vend à Gillette, dame de Baralle, un bien sis entre Escout et Longastre, 1266, décembre. *Archives d'Artois.*

(4) Ribécourt, arrondissement de Cambrai, canton et à trois kilomètres de Marcoing. Le village de Gualtercurt, aujourd'hui détruit, se trouvait sur le territoire actuel de Ribécourt, dont l'église n'a été séparée de celle de Gualtercurt qu'en 1221.

Adam, évêque de Térouane, règle un différend survenu entre l'église de St-Jean de Chokes et les religieuses de Beaupré, au sujet des dîmes et oblations d'Estaires (1) et de la Gorgue. Original dont le sceau a été enlevé.

10° *Actum anno dominice incarnationis M° CC° XXI mense maio.* Daniel, avoué d'Arras, ratifie, en ce qui le touche, l'accord ci-dessus, conclu entre l'église de Chokes et les religieuses de Beaupré. Chirographe original dont le sceau est perdu.

11° *Actum anno dominice.... M° CC° XXI°, mense....* Vidimus de l'acte de décembre 1220, veille de St-Sylvestre, par lequel Daniel, avoué d'Arras et sire de Béthune, concède à l'église de Beaupré le personat de La Gorgue avec trois mencaudées et trois quartiers de prés, plus quatre mencaudées de terre labourable en la même paroisse. Original dépourvu de son scel et déchiré à l'angle inférieur droit.

12° *Datum Reate, VII martii, pontificatus nostri anno quinto* (1232). Le pape Grégoire IX, voulant pourvoir au bien-être et à la vie pacifique des religieuses de Beaupré, déclare qu'elles ne pourront être appelées en cause à plus de trois journées de marche de leur monastère, sans un permis du St-Siége. Copie communiquée par M. Arnould, de Tournai, qui l'avait prise sur l'original à lui confié.

13° *Datum anno Domini millesimo CC° tricesimo quarto, mense aprili.* Jeanne, comtesse de Flandre et de Hainaut, mande à son receveur des revenus de Widebrouck (2) de payer annuellement aux religieuses de

(1) Estaires, qui passe pour le *Minariacum* des anciens, est situé sur le ruisseau de Méterbecque et la rive gauche de la Lys. C'est aujourd'hui une petite ville de l'arrondissement, canton et à six kilomètres de Merville.

(2) Il y a bien, sur le territoire d'Aire en Artois, un hameau nommé Widebrouck ; mais puisque celui dont il s'agit ici relève de la comtesse de Flandre et de Hainaut, ce n'est point à Aire, ce nous semble, qu'il faut le chercher.

Beaupré CLX heudes (1) d'avoine, imputables sur lesdits revenus. Original auquel manque le scel.

14° *Actum anno dominice incarnationis M° CC° tricesimo quinto, mense julio.* Sibille, dame de Wavrin, donne en perpétuelle aumône au couvent de Beaupré XL rasières de froment, à prendre sur les redevances annuelles du moulin de *Melemodio* (2), que tenait son féal Ghislain d'Haveskerke. Original où sont encore les attaches du scel.

15° *Actum anno dominice incarnationis M° CC° tricesimo sexto, mense augusto.* Pierre, évêque de Térouane, affirme que Guillaume de Lière, dit Riflars, a vendu à l'abbaye de Beaupré, du consentement de Wautier, sire de Formeseles, et de ses héritiers, toute la dîme qu'il percevait sur la paroisse de La Gorgue. Original dépourvu de son scel.

16° *Actum anno Domini M° CC° quadragesimo, mense martio.* Robert d'Avesnes, chevalier, fait savoir que Roger de Mesplan, son homme, du gré de Pérone, sa femme, et de ses fils, a vendu aux nonnes de Beaupré un revenu annuel de VI rasières de bled, de XVI poules et les autres droits qu'il percevait sur la paroisse de Hinges. Original où pendent encore les lacs de soie du sceau.

17° *Actum anno Domini M° CC° XLI, mense julio.* R. doyen et tout le chapitre de Térouane font savoir qu'ils confirment et approuvent le don et octroi faits par Daniel, jadis avoué d'Arras, à l'abbaye de Beaupré, du personat de La Gorgue, avec le consentement de l'évêque diocésain. Original dont le scel est perdu.

18° *Datum anno Domini M° CC° L°, sabbato in pas-*

---

(1) *Heude, hoet, hodium,* mesure de capacité pour les graines, souvent mentionnée dans nos actes du moyen-âge. C'est d'après le premier cartul. de Flandre que Ducange en a cité des exemples. Huit heudes font un muid.

(2) Moulin, dont le nom actuel et la situation nous sont inconnus.

chalibas. L'official d'Arras mande au doyen de N.-D. de Lens et à maître Nicolas dit Capiel, chapelain de la même église, de se transporter au domicile de Pierre Ogiel, afin d'informer touchant l'aumône que Aighieline, fille dudit Ogiel, se propose de faire au couvent de Beaupré. Original où reste encore un fragment de scel.

19° *Datum Viterbii, V id. junii, pontificatus nostri anno secundo.* Clément, pape, faisant droit aux prières des religieuses de Beaupré, leur permet de jouir librement des faveurs et indulgences à elles concédées jusqu'alors par le St-Siége apostolique. Original dont la bulle de plomb a été détachée.

20° *Datum anno Domini M° CC° LVI, dominica in quinquagesima.* Accord entre le couvent de Beaupré d'une part, et Hellin et Bernard de Bosco, chevaliers, d'autre part, touchant XIX bonniers de terre dans la forêt de Nieppe, auprès de Stanbieke, ainsi que sur les appartenances de ladite terre qui sont adjugées à l'abbaye. Original encore muni des attaches du sceau.

21° *Actum anno Domini M° CC° quinquagesimo octavo post Ascensionem Domini.* René de Hesdin, chanoine et official d'Arras, certifie que Willaume de Calonne (1), chevalier, et Ghislain, son fils, de concert avec Mathilde, femme dudit Ghislain, ont donné en aumône au couvent de Beaupré XXIII journaux de terre sis au terroir dudit Calonne. Original encore muni des attaches du sceau.

22° *Chou fu fait en l'an del incarnation Nostre Signeur mil et CCLXIX en mois de février.* Bauduin Broiars, chevalier, sire de Givenchy, mande à son seigneur Robert, comte d'Artois, comment Witasse de Hamel, che-

---

(1) Il y a en Artois deux villages du nom de Calonne ; l'un Calonne-Ricouart, canton et à sept kilomètres d'Houdain ; l'autre Calonne sur la Lys, canton et à douze kilomètres de Lillers.

valier, et dame Sainte, sa femme, ont donné pour Dieu et en aumône à N.-D. de Beaupré la tierce partie de leur dîme sur Neuve-Capièle. Original où reste encore l'attache du scel.

23° *Actum Parisiis anno Domini millesimo CCLXIX, mense martio.* Vidimus et confirmation de la charte précédente par Robert, comte d'Artois. Original dépourvu de son scel.

24° *Datum apud Attrebatum, die sabbati post dominicam qua cantatur* JUBILATE, *anno Domini MCCLXXXXIX.* Vidimus par l'official d'Arras d'une charte par laquelle, sous la date de juin 1298, Gérard, évêque d'Arras, mande à Tyngus de Sains, son vicaire, d'exécuter les clauses d'une concession faite à l'abbaye de Beaupré. Original où pend encore un scel à peu près entier.

Les titres isolés du XIVe siècle sont beaucoup moins nombreux. Je n'en trouve que quatre ou cinq à signaler ici :

1° *Faites et données l'an de grace mil trois chent et trente, el mois de juing.* Jean de Bailleul, chevalier et maréchal de Flandre, donne au couvent de Beaupré une rente annuelle de 18 sous 8 deniers, assignée sur plusieurs terres et manoirs qui lui sont échus pour cause de bâtardise dans sa tenance de Rebreuve. Original où manque le scel.

2° *Che fut fait l'an de grace mil trois chens trente noeuf.* Jean de Castres déclare vendre à messire de Fienlles son manoir de Castres et ses dépendances. Original presque illisible où pendent de nombreuses attaches de sceaux perdus.

3° *Le XIIe jour du mois de julle, l'an mil trois cent sissante et cuincq.* Jacquemars Duballe reconnaît, pardevant le prévôt et les échevins de La Gorgue, avoir vendu à dame Piérone d'Englos, abbesse, et à tout le couvent de

Beaupré trois havotées (1) de prairies avec leurs dépendances sur les bords de la Lys. Chirographe original non scellé.

4° *Donné à Nieppe, sous nostre scel, l'an mil trois cent quatre vins, le mercredi trezime jour du mois de mars.* Yolende de Flandre, comtesse de Bar, dame de Cassel, fonde dans son château de Nieppe une chapelle et la dote de XL livres parisis de rente annuelle, à percevoir par le chapelain d'icelle sur la taxe dite vulgairement *mareghelt de Cassel.* Original dont le sceau manque.

5° *Faites et données le IXe jour del moys de février ens l'an de grasce mil troys cent quatre vint et cuincq.* Jehanne, abbesse de Beaupré, reconnaît avoir reçu par les mains de Simon Blassiel, receveur du duc de Bourgogne, en sa terre de Béthune, la somme de XV livres parisis de rente annuelle due à l'abbaye sur les forages de Béthune.

Le XVe siècle n'est guère plus riche que le précédent. Je n'y aperçois que six titres:

1° *Donné en nostre ville de Lille, le XXVIIIe jour d'octobre l'an de grace mil CCCCXXIX.* Philippe, duc de Bourgogne, mande à son bailli de Cassel que, sur l'humble supplication des religieuses de Beaupré, il leur confirme la possession de XIX bonniers de terre situés en la paroisse de Steenbecque, auprès du bois de Nieppe. Original dépourvu de son scel.

2° *Le jeudi XXIIIIe jour de novembre l'an mil quatre cent vint et neuf, en la basse court du bois de Nieppe.* Pierre de le Hove, bailli de Merville, mande à messieurs du conseil du duc de Bourgogne que le jour précité,

---

(1) Cette mesure agraire n'est pas mentionnée dans la *Statistique du Nord* par Dieudonné, où l'on trouve II. 503-510, un bon chapitre sur les poids et mesures du pays. La *havotée* est une étendue de terrain qu'on peut ensemencer avec un *havot* de grain. Quant au *havot*, je ne vois nulle part sa capacité nettement déterminée. On sait pourtant que c'est un diminutif de la rasière. Voir le mot *havotus* dans Ducange.

il s'est rendu aux plaids du bailli et des échevins dudit bois de Nieppe, et que là, il ordonna auxdits bailli et échevins de ne plus connaître de certaines causes touchant l'abbaye de Beaupré. Original dénué de son scel.

3° *Le quatiesme jour du mois de septembre, l'an de grace mil IIIIe et soixante.* Chrestienne (Lecocq), abbesse de N.-D. de Beaupré, reconnaît avoir reçu de Guérard de le Haye, receveur de Béthune, la somme de XV livres monnaie royale, montant d'une rente annuelle due à l'abbaye le jour de la Chandeleur. Original où pend encore l'attache d'un scel perdu.

4° *Fait et escript le Xe jour du mois d'aoust, l'an mil CCCC soixante six.* Rapport et dénombrement de la terre et du fief de la Vrederie, paroisse de Mérignies, entre Lille et Douai, par Jehanne Bourlinet, dame d'Esplechin et de Bersée, veuve de Jehan du Casteler, seigneur de Moullebaix, rendu à Allard de la Porte, conseiller du duc de Bourgogne et maître en sa Chambre des comptes à Lille. Original dont le scel est enlevé.

5° *Donné en tesmoing de ce, soubz nostre scel, le VIIe jour de may, l'an mil IIIIe soixante dix huit.* Pierre de le Vacquerie, écuyer, conseiller du duc de Bourgogne… Dîme de LXXVI sols… Titre à peu près illisible.

6° *Faites et données le VIIIe jour d'octobre, l'an LCCCLXXVIII.* Pierre de le Vacquerie reconnaît que Baude Lachère, chapelain de l'église Saint-Amé, à Douai, a déclaré prendre sûreté sur les biens des mineurs de feu Robert Lefebvre, pour une rente à lui due par celui-ci. Original non scellé.

Les pièces du XVIe siècle, au nombre de seize environ, ne méritent guère d'être ici analysées. Ce sont des actes de vente ou d'achat qui ne prouvent plus rien aujourd'hui et qui n'ont pas le moindre intérêt historique.

Nous en dirons à peu près autant pour le XVIIe et même pour le XVIIIe siècle, où nous ne trouvons encore à relever que des actes aujourd'hui sans valeur. Toutefois voici, sous la date du 6 octobre 1694, un verbal d'admission à la cérémonie des vœux solennels de la sœur Ludgarde Séghin, suivant commission donnée par Richard Moreno, abbé de Vaucelles, vicaire-général de l'ordre de Citeaux aux Pays-Bas français, à son confrère dom Charles Moreau, directeur de Beaupré. — Et en outre, 1° 1770, mai 17, charte de visite dudit monastère, par Pierre Ruffin, abbé de Vaucelles, vicaire-général de l'ordre de Citeaux et Charles de Hée, son confrère et adjoint; — 2° 1777, *avril* 9, Jean-Auguste de Chastenet de Puységur, évêque de St-Omer, sur la requête à lui présentée par la dame Judith Desruelles, abbesse de Beaupré, permet, sous certaines conditions, aux religieuses de ce couvent de sortir momentanément pour visiter leurs familles. A cet acte en copie est joint un état des religieuses à qui cette faveur est accordée, avec les noms des compagnes qui doivent les suivre, ainsi que l'indication des lieux de séjour et du temps de l'absence.

On regrette de ne rencontrer là aucun document sur la suppression de l'abbaye au moment de la révolution française, et sur les circonstances qui sans doute signalèrent cet évènement majeur.

L'avantage le plus clair qui résulte de l'examen de ce petit fonds d'archives, c'est la possibilité de dresser une liste des abbesses moins incomplète que celle qui est donnée dans le *Gallia Christiana*, III, 539. Au lieu de onze personnes seulement nommées dans ce grand ouvrage, nous en offrons ici dix-huit, savoir:

 I. Marie, 1230 (1).
 II. Emmeline, 1231.
 Isabeau (douteuse), vers 1300.

(1) Selon le *Gall. Christ.*, cette abbesse pourrait bien être Marie d'Avesnes, mentionnée par Henriquez, *Lilia Cistercii*, comme religieuse de Marquette.

III. Jehanne, 1386. (1).
IV. Christine Le Cocq, 1460.
V. Marie de Waes, religieuse de Marquette.
VI. Gentiane Watrimouille.
VII. Guillelmine Donnez, fin du XVIe siècle.
VIII. Marie Maupetit, XVIIe siècle.
IX. N. Monsoret, XVIIe siècle.
X. Maximilienne Oyenbrugh, 1639.
XI. Anne Facon, morte le 22 septembre 1649.
XII. Marie Loisel, morte en décembre 1656.
XIII. Madeleine de la Pierre, installée le 16 avril 1657, morte le 20 mars 1673.
XIV. Catherine Desplancq, installée le 20 août 1673.
XV. Hippolyte de Waziers, 1735.
XVI. Isabelle d'Haffrenghes, inaugurée abbesse le 15 février 1736.
XVII. Marie-Angélique Behague, 1752-1756.
XVIII. Judith Desruelles, 1770-1777.

PIÈCE JUSTIFICATIVE.

DE MONASTERIO DE BELLOPRATO SUPRA LISAM PROPE MINARIACUM (2).

CAP. I.

Licet de hoc alibi quædam scripserimus, tamen hoc loco aliqua apponere pro posse conabimur; et quia est unum ex illis cœnobiis virginum, quæ sub commissione monasterii Laudensis

(1) Voir *Mém. sur les biblioth.*, 456.

(2) Ce document historique, qu'il est bon, ce me semble, de faire connaître, est extrait d'un mss. intitulé : *Notæ pro ordine cisterciensi*, reposant aux archives du Nord, et qui a pour auteur Jean de La Barre, moine de Loos, dont j'ai parlé avec quelques détails dans le *Catal. des mss. de Lille*, p. 119, 120, 383.

existunt, idcirco hic cum aliis ejusdem commissionis appono. Si fastis hujus domus fides aliqua adhibenda, sane hoc monasterium cœnobium de Saliceto (1), antiquitate fundationis antecedit. Nam id dicunt anno 1221 ab duobus advocatis Bethuniensibus fundatum ea ratione quod cum illorum antecessores in pago Lestrem (2) pium locum fundassent in quo plures sacerdotes et presbiteri Deo serviebant vita communi viventes. Cum ii successu temporis deficerent a primo suo fervore, mutati sunt ab eorum advocatorum successoribus et bona illa et reditus, pro fundatione illius loci donata sunt, cum consensu summi pontificis, huic novo asceterio virginum sub observatione cisterciensis instituti. Et ut securius ea mutatio prædicta suum sequeretur effectum, advocatorum Bethuniepsium filii, quorum unus Robertus, alter Daniel vocabantur, Romam se transtulerunt qui, re cum summo pontifici communicata, obtinuerunt facultatem mutandi illum locum presbiterorum in monasterium virginum viventium sub instituto cisterciensi. Verum, quia ille locus primus non ita congruus erat, proposuerunt illum mutare et ad oppidum *de La Gorgue,* secus Lisam transferre, in quo hodie per Dei gratiam plus quam a quadringentis annis perseverat; non obstantibus bellis et hæreticis qui hæc loca ubique vastarunt.

Ex quo autem alio virginum parthenone obtinuerint primam suam autistitem quæ eas in religione cisterciensi formaret, non satis constat, etiamsi ex antiqua traditione opinentur se ex monasterio *de la Braielle* (3) primam suam originem et primam suam abbatissam habuisse, quemadmodum et dictæ moniales Anaienses sive *de la Braielle* hodie asserunt. Certe si circumstantia temporis et vicinitatis loci consideretur, haud improbabile judicabitur. Illud enim Anaiense antiquitate primum et in Flandria, sicut cœnobium Sanctæ Colombæ sive *Blendecq* (4) primum in Ar-

---

(1) Saulsoir ou Sauchoir, couvent de femmes, ordre de Citeaux, voisin de Tournai. V. *Gall. Christ.* III. 186.

(2) Jadis d'Artois, avouerie de Béthune, aujourd'hui canton et à dix kilomètres de La Ventie.

(3) Annay, jadis bailliage de Lens, aujourd'hui canton et à cinq kilomètres de la même ville, avait, au lieu dit La Braielle, une abbaye cistercienne de femmes. V. *Gall. Christ.* III. 431.

(4) Blendecq, sur l'Aa, tout près de St-Omer, connu par son abbaye de femmes, ordre de Citeaux. *Gall. Christ.* III. 533.

thesia illis temporibus. Unde probabilius est ex illo cœnobio prodiisse quemadmodum Pratense (1) Duaci, quod fatetur eamdem se habere matrem cum aliis asceteriis, ut de Saliceto prope Tornacum et de Bias (2) prope Peronam in Picardia. Nam si ratio temporum habeatur, eodem fere anno fuere inchoata et extructa, quemadmodum sollicite perpendere constare potest.

CAP. II.

Quo vero nomine fuerit indigetata prima antistes hujus loci nondum didici, nec etiam quot numero abbatissas habuerit, sicut qui fuerint præcipui benefactores. Nec etiam quid quæque abbatissa in bonum sui monasterii præstiterit, quod lugendum plane. Sed accusauda sunt bella, detestandæ satanicæ hæreses quæ ad hoc precipue student, ut ea quæ faciunt ad decus ecclesiæ Christi possint extinguere et perpetua oblivione delere. Has funestas vices et calamitates hæc religiosa domus, dum in illis ultimis temporibus anno 1567 hæreses ferverent, in illis partibus pertulit. Ita ut intellexerim certo certius in dicto loco circa annum supra nominatum, dum ibi tanquam rabidi canes insolescerent, non solum templum profanasse, altaria cum imaginibus perfregisse, libros et monumenta exussisse; sed patrem confessarium recenter in ecclesia sepultum, (qui ex Valcellensi monasterio erat), e monumento extraxisse, ejus ossa ex derisione pessundasse et in diversas partes et loca projecisse, quia iis restiterat, dum suam rabiem contra sanctas reliquias et sanctum et venerabile Eucharistie Sacramentum ostenderent. Non mirum igitur si monumenta hujus loci non inveniantur quæ suggererent ea quæ sub initium hujus parthenonis et temporis progressu facta fuerint. Hodie sane, non obstantibus bellis funestissimis illatis a Gallis tam in Flandria quam in Arthesia, illa virginum domus Dei beneficio subsistit, in qua viget pax et vera observantia regularis, quam pro tempore regit R. domina Maria de Loisel, Bethuniensis et neptis R. dominæ Annæ Mau-

---

(1) L'abbaye des Prés, à Douai, fondée au commencement du XIIIe siècle, était un peu moins ancienne qu'Annay et Blendecq.

(2) Biache, même ordre et même sexe que les abbayes précédentes, est situé sous les murs de Péronne. *Gall. Christ.* IX. 138. *Mém. pour l'Hist. du Vermandois*, par Colliette. II. 610.

petit. Et licet temporalium bonorum fecerit magnam jacturam, seipsam tamen religiose et prudenter tuetur et conservat, cum sua illa monialium congregatione, quam R. dominus Johannes Foucard, ejus nominis secundus abbas Laudensis, pro diversis necessitatibus occurrentibus, sicut et antecedentem antistitem R. dominam Annam Facon, pro facultate sua et domus suæ juvit, eas cum magna conventus parte hospitando et in refugio suo insulensi, cum omni earum suppellectili continendo, non parcendo sumptibus et sollicitudinibus quibus illas cum cæteris sibi submissis virginibus quanta potuit charitate juvaret, in quibus semper emicuit R. dominorum abbatum Laudensium (præcipue bellorum temporibus) erga ordinem beneficentia.

CAP. III.

Situs hujus asceterii est amœnus valde, præcipue æstivo tempore; nam hiemali, ratione vicini fluminis Lisæ et locorum declivium, non ita. Unde ratione amœnitatis *Beau Pretz* vocatur. A parte oppiduli de La Gorgue est eminentius, habetque prata non contemnenda impinguandis pecoribus et nutriendis vaccis apta, cum hortis pomiferis et frugum magna copia. A dextris egredienti monasterium habet terras arabiles quas magna sollicitudine excolunt. Villa Morienne (1) est illis ex opposito ultra Lisam quæ multum monasterio confert emolumenti maxime tempore pacis. Habent in villis de Le Gorgue, de Lestrem, et Callone bona non contemnenda; in prima habent decimam totam quæ empta fuit a religiosis Laudensibus, earum et ordinis consensu hocque pro majori emolumento et commodo illarum, in quem finem alia bona non tanti valoris et magis remota fuere vendita. Eaque ratio est cur adhuc hodie ignorantes murmurant, quod monachi Laudenses fecerint illis injuriam, dum aliqui religiosi ibi habitantes, rem temporalem administrarunt. Res sane plena periculi sese rebus et negotiis illorum immiscere, etiamsi necessitas aut majus commodum requirat. Cum enim eæ non sufficienter intelligant an opus factum sit in bonum majus monasterii necne, effutiunt quidlibet, præcipue si aliqua

---

(1) Je ne trouve nulle part ailleurs ce nom de *Morienne* appliqué à Merville.

vel aliquæ ex illis male affectæ sint, tum negotio detrahunt aut murmurant. Tales enim sunt ex sexus fragilitate, ut dum rem non penetrant ut oportet, sibi credunt injuriam factam. Hæc scribo quorum longo usu experientiam habeo. Quare non est tutum se illarum negotiis immiscere et pessimum est, quod si industria et labore res bene successerit, hoc sibi arrogant, si vero male, præter spem, ut aliquando potest accidere, falsa judicia et murmurationes illis non desunt. Nolo ut hoc sit verum pro omnibus; nam inveniuntur quæ excellunt ingenio et virtute; sed rara avis. Quod si fundatores alicujus nominis habuerint, nimirum duos advocatos bethunienses Danielem et Robertum, qui erant ex præcipua authoritate et nobilitate hujus patriæ; utpote principes supremi, independentes et absoluti, sic pariter benefactores qui bona earum augerent non defuerunt. Inter quos observandi veniunt Rogerus, castellanus Insulensis, vir nobilissimus et magnæ familiæ, quæ quondam Borbonicæ in Galliis fuit matrimonio juncta. Insuper Guilielmus Dampetra, comes Flandriæ, et maritus Margaretæ comitissæ quæ monasterium Flinense fundavit, Mathildis etiam illa domina Tenremondæ et Bethuniensis, cujus memoria est ubique per loca sacra et monasteria ordinis nostri in benedictione. Quin et Balduinus de Lens se illis adjunxit nobilissima Arthesiæ familia progenitus. Qui omnes uno animo beneficiis suis hanc virginum domum auxerunt et nominatim Guilielmus Dampetra qui liberaliter ea bona quæ habent in Willebroucq concessit, ut patet ex litteris 1234 confectis. Ex quibus multum miror quare plurima loca vestalium Deo consecratarum non sint hodie ditiora, cum sub initium suæ fundationis satis ampla bona illis collata fuerint; contra monasteria virorum semper accreverint. Ratio hujus est, ut opinor, manifesta; nam viri utpote industrii magis, animosi et infatigabiles, semper a prima fundatione suos redditus laboribus auxerunt, et e contra fœminæ, cum in illis non ita excellant, si non defecerunt, nihil tamen auxerunt. Ex iis quæ pie oblata fuerunt, sapientiores multo essent, si suis monialibus majori ingenio ad temporalia præditis, sua ex parte regenda committerent, vel aliquem timoratum religiosum haberent, cui sua communicarent. Sed hoc aliquibus videtur esse opprobrio.

CAP. IV.

Ista attendere debent patres commissarii qui, dum faciles abbatissas animadvertunt, debent illas monere ne notabile detrimentum coenobium ex hoc patiatur. Quocirca iterum repeto sicut et alibi dixi : conservatio disciplimæ regularis in asceteriis, præcipue virginum, est illarum frequens visitatio, sic etiam tuitio bonorum temporalium. In visitationibus enim fit scrutinium de vita et moribus cujusque et an disciplina regularis sarta tecta conservetur; fit discussio au bona temporalia bene administrentur; inquiritur si non dissipentur. Si quid desit, tum dantur leges quibus omnibus malis sedulo medeatur. Certe in ea civitate morbi sunt pertimescendi ubi desunt medici ; sic et in communitatibus virginum quæ se Deo devoverunt, ubi visitatores desunt.

Cum ergo non habeam omnia pro præsenti tempore, ratione titulorum et monumentorum per bella et hæreses aliqua ex parte amissorum: quo modo hæc domus inceperit, quis ejus fundamenta jecerit, quis maxime inter primas abbatissas digne gubernarit, recurrendum ad sæculum 1400 et sæculum 1500, sub finem maxime, cum ex fine sæpe liceat judicare de toto, secundum illud axioma philosophicum : cujus finis bonus ipsum quoque bonum. Nam sæculo 1467 ex hoc coenobio assumpta fuit religiosa vitæ probatæ et exemplaris quæ monasterium Vivariense in obsesrvantia antiquæ religionis debilitatum reformaret.

In hunc finem ad apicem abbatialis dignitatis promota fuit ab Ordine quæ muneri suo apprime satisfecit, multos abusus tollendo, vitam novam et vere religiosam instituendo et hoc tam suavi modo ut omnibus satisfecerit absque ullo murmure. Cum autem videret templum antiquitate et ratione loci paludosi cum cæteris ædificiis penitus dirutum, illa incepit novum extruere. In quem finem subsidium ab episcopo Atrebatensi et a congregatione Eminentissimorum Cardinalium Romæ impetravit qui indulgentias illi concesserunt, quisque pro sua facultate, ut populus fidelis his mediis eas ad opus perficiendum juvaret. Quorum omnium testes sunt litteræ integræ quæ hodie in domo Vivariensi restant. Fecit magno zelo opus quod inceperat tantum, sed non perfecit, laboribus et senectute agravata, ob quæ onus abbatiale in R. dominam Jacobam Beirax vivens adhuc transtulit. Hæc domina Catharina de Bermacque (1) vocabatur, cujus soror inibi manens, erga Vivariense asceterium fuit benefica, ut patet ex veteri martirologio.

Restat modo ut attendantur abbatissæ quæ sub finem sæculi 1500 hanc domum gubernarunt; inter quas Domina Guilielma Donnet, Insulensis origine, emicat, quæ laudabiliter (ut intellexi) clavum rexit circa annum 1593 et postea difficillimis temporibus; eique erat à confessionibus ex domo Laudensi R. dominus Claudius Wilbault, Bethuniensis, et ejus sacellanus R. D^nus Nicolaus Warnot, a quibus multa quæ faciebant in ejus laudem audivi, quomodo constanter rabiem hæreticorum in illis partibus definientium sustinuerit, quam religiose suas continuerit nec ab regulari observantia unquam recesserit, totam domum reparavit. Quæ cum bono odore et in senectute bona dignitatem sibi commissam per mortem reliquit. Fuit 24 hujus asceterii abbatissa.

CAP. V.

R^da domina Maria Maupetit ei subrogatur, nominata a principe Parmènsi, gubernatore Belgii. Bethuniensis erat et claris parentibus progenita ; quam ego vidi circa annum 1610. Optime domum suam rexit tempore circiter 24 annorum ; pietatis exempla et religionis omni modo suis reliquit ; cum pace et concordia magna omnes suas virgines continuit nec cuiquam adulabatur, imo nec parentibus suis. Neptes enim duas habuit quas sicut cœteras habebat, quin majore cum rigore tractabat. Hanc raram virtutem in muliebri sexu ad dignitatem evecto, admodum laudo et suspicio quæ sexum exuentes, et sanguinem et carnem, nullo sensuali affectu suas promovent, sed magis capaces ex sua communitate assumunt quas ad officia exercenda sive spiritualia, sive temporalia, tanquam capaciores in conscientia judicant. Utinam ubique in monasteriis istud esset in praxi ; taliter enim multi abusus tollerentur et asceteriis virginum tutius provisum feret. Verum quidem est ut accidere pos-

---

(1) Catherine de Bermacque et Jacqueline Beirax, désignées ici comme abbesses du Vivier, ne figurent nullement dans l'article consacré à ce monastère. *Gall. Christ.* III, 360, article plus exigu encore que celui de Beaupré.

sit quod neptis aut parens sit capacior eoque casu possit tuta conscientia promoveri; sed res non est omni ex parte secura; nam tales erunt pro tempore dignæ et capaces quæ cum dignitate mutabuntur et deficient, secundum illud : honores mutant mores sed raro meliores. De his exempla adferre est facile, sed subticeo pro honore status ecclesiastici quem suspicio et veneror. Hæc ergo, quia præcipua devotione Deum et ejus virginem matrem coluit, dominum Deum etiam semper a partibus habuit, suisque virginibus et domui benedixit multisque postmodum annis ea disciplina regularis, quam invenerat et conservarat, perducavit; et cum ea plena meritis, relicto suæ vitæ bono odore, defuncta est.

Successit ejus loco R. N. Monsoret, nobilis genere, anteá priorissa et grandæva, quæ dominæ Mariæ insistens vestigiis, in vera religione oves sibi creditas prudenter gubernavit, contra lupos et morum bonorum corruptores suum gregem protegendo et ad modum sagacis gallinæ de pullis suis, sollicite sub alis suis custodiendo. Hoc fecit solerter eo tempore quo clavum tenuit, licet parvo utpote circiter sex annorum, quibus expletis dedit ei dominus Deus coronam vitæ.

CAP. VI.

R^{da} domina Anna Facon, nominatione Infantis Hispaniæ Isabellæ Claræ Eugeniæ dignitatem abbatialem sortita est, quam, ex tempore quo in ea domo habitavi ut subvenirem confratri ægrotanti pro aliquo tempore qui D^{nus} Maximilianus Cuvillon vocabatur) thesaurariam vidi. Hæc sane diebus illis nihil nisi pietatem respirabat et magnam modestiam, ob quæ illius parthenonis priorissa fuit constituta. Quo officio strenue admodum multis annis perfuncto, ad abbatiæ apicem pervenit, quem non sine multis difficultatibus administravit; nam bellis omnia perstrepebant; Galli siquidem ambitione et inquietudine pleni, intentarunt Belgio cruentistinum bellum, juncti Hollandis rebellibus : quod toto tempore sui regiminis sæviit crudeliter; ex quo plurima domina sensit cum suo monasterio in bonis et redditibus, omni pene sua supellectili amissa, dum navi oneraria in urbem Bethuniam veheretur. Quæ omnia constanti animo pertulit, nec ob hoc spe dejecta, pusillanimis aut querulosa contra moderatorem omnium visa est. Ubique infracta et fortis, in omni patientia vixit, cum qua pie et sancte animam Creatori suo reddidit plena dierum anno Domini 1649, 22ª septembri, in urbe Armenteriensi, toleratis per tres annos summa patientia diversis morborum cruciatibus, ut habet ejus scedula quæ post obitum impressa fuit. Quam legi et vidi Duaci existens.

CAP. VII.

Neptis R^{dæ} Annæ Maupetit tandem oneri et honori succedit, ab archiduce Leopoldo, Belgii gubernatore, nominata et ad pedum evecta. Rumor fuit eam fuisse nominatam in promotione ultima R. dominæ Annæ Facon, sed frustratam errore et defectu quorumdam aulicorum. Merito ergo hac vice ad dignitatem provecta fuit; nam omnes facultates quibus posset digne gubernare habebat. Hæc hodie sospes vivit et eam domum digne admodum sollicitat hac 1ª die aprilis 1653, quo hæc scribimus. Donet illi Deus feliciores dies et videat bona cœlestis Hierusalem post hanc ærumnosam plane vitam.

www.ingramcontent.com/pod-product-compliance
Lightning Source LLC
Chambersburg PA
CBHW060721050426
42451CB00010B/1566